LE LIVRE

DE

MARCO POLO

CITOYEN DE VENISE

CONSEILLER PRIVÉ ET COMMISSAIRE IMPÉRIAL

DE

KHOUBILAÏ-KHAÂN;

RÉDIGÉ EN FRANÇAIS SOUS SA DICTÉE EN 1298

PAR RUSTICIEN DE PISE;

Publié pour la première fois d'après trois manuscrits inédits de la Bibliothèque impériale de Paris, présentant la rédaction primitive du Livre, revue par Marc Pol lui-même et donnée par lui, en 1307, à Thiébault de Cépoy, accompagnée des *Variantes*, de *l'Explication des mots hors d'usage*, et de *Commentaires géographiques et historiques*, tirés des écrivains orientaux, principalement chinois, avec une Carte générale de l'Asie

PAR

M. G. PAUTHIER.

INTRODUCTION.

Pour savoir la pure vérité des diverses régions du monde, si prenez ce Livre et le faites lire; si y trouverez les grandismes merveilles qui y sont escriptes de la grant Ermenie, et de Perse, et des Tatars, et d'Inde, et de maintes autres provinces, si comme nostre Livre vous contera tout par ordre apertement. (PROLOGUE.)

PARIS

LIBRAIRIE DE FIRMIN DIDOT FRÈRES, FILS ET Cⁱᵉ

IMPRIMEURS DE L'INSTITUT DE FRANCE

rue Jacob, 56

MDCCCLXV

POLO (MARCO),

PAR

G. PAUTHIER.

EXTRAIT

DE LA

NOUVELLE BIOGRAPHIE GÉNÉRALE,

PUBLIÉE PAR MM. FIRMIN DIDOT FRÈRES ET FILS.

POLO (*Marco*), nommé communément en français MARC POL (ainsi qu'on le lit dans les manuscrits de la rédaction française originale de son *Livre des Merveilles du monde*), né à Venise, vers 1256 (1), mort en 1323 dans la même ville. Son père, Nicolo Polo, et son oncle, Matteo Polo (dont on a fait *Maffeo*, les deux *tt* des manuscrits ayant été pris pour des *ff*) étaient fils d'Andrea Polo, patricien de Venise, d'origine dalmate, et s'étaient livrés au commerce comme c'était l'usage alors dans la noble république. Leur frère aîné, Marco Polo, surnommé *il vecchio* (pour ne pas le confondre avec son neveu, le voyageur) s'était établi à Constantinople, et avait une maison de commerce à Soldaya, ou Soudach, sur la mer Noire, en même temps que des intérêts dans la maison de commerce de Venise. Ces circonstances et les événements mémorables qui se passaient alors en Orient; l'em-

(1) Ainsi qu'on peut le conjecturer d'après plusieurs indications de son voyage.

pire de Constantinople qui s'affaissait sur lui-même dans les mains faibles et débiles de Baudouin II, comte de Flandres; la défaite des croisés à la bataille de Mansourah, le 5 avril 1250; les invasions des Mongols dans l'occident de l'Asie, engagèrent sans doute les deux frères Poli à tenter la fortune près de ce peuple conquérant, qui avait fondé des établissements sur les bords du Volga.

Premier voyage du père et de l'oncle de Marc Pol en Tartarie, et leur retour en Europe comme envoyés du grand khân. — Ils partirent de Venise pour Constantinople l'année 1255 (1). Après avoir séjourné quelque temps dans cette ville pour y écouler leurs marchandises, ils tinrent conseil entre eux, et résolurent de se rendre dans les ports de la mer Noire pour trafiquer avec les nouveaux venus. Ils achetèrent donc à Constantinople un grand nombre de joyaux, et se rendirent par mer à Soudach. Arrivés dans cette ville, où leur frère aîné, Andrea Polo, avait aussi une maison de commerce, ils résolurent de se rendre auprès de Barkaï-Khân, frère de Batou-Khân, qui régna sur le pays de Kiptchak, de 1256 à 1266, et qui séjournait alternativement dans les villes de Saraï et de Bolghàra, sur le Volga. Les deux frères furent reçus avec honneur par le prince mongol, auquel, dit Marc Pol, « ils donnèrent tous les joyaux qu'ils avoient apportés, » et qui leur furent payés deux fois leur valeur.

Après un an de séjour dans cette ville, une guerre étant survenue, en 1262, entre Barkaï, khân du Kiptchak, et Houlagou, qui avait soumis la Perse aux armes mongoles, les deux frères, craignant de retourner sur leurs pas, se rendirent à Bokhâra, qui était alors au pouvoir de Borak-Khân, petit-fils de Djagataï, où ils furent obligés de séjourner trois ans. Des envoyés d'Houlagou au grand khân de Tartarie les ayant rencontrés dans la ville de Bokhâra, les emmenèrent avec eux, en leur qualité de *Latins*, c'est-à-dire d'Européens. Ils mirent un an pour faire le voyage de Bokhâra à la résidence d'été de Khoubilaï-Khân, dans la Mongolie, sur les frontières de la Chine, où ils furent très-favorablement reçus.

Arrivés en présence du souverain conquérant de la Chine, le grand khân les interrogea sur « maintes choses : premièrement des empereurs, et comment il maintiennent leur seigneurie et leur terre en iustice; et comment il uont en bataille, et de tout leur afaires. Et après leur demanda des roys et des princes et des autres barons. Et puis leur demanda du pape et de l'É-glise, et tout le fait de Romme, et de toutes les coustumes des Latins. Et les deux freres lui en dirent la uerite de chascune chose par soy, bien et ordenecment et sagement, si comme sages hom-mes que il estoient, car bien sauoient la langue

tataresc (1). » Le récit que les Poli firent au grand khân lui inspira l'idée de les envoyer en mission, avec un des grands de sa cour, près du pape. « Si envoya querre un de ses barons qui avoit nom Cogatal, et lui dist qu'il s'appareil-last, et qu'il vouloit qu'il alast avec les deux frères à l'Apostolle » (ch. 7). Les lettres missives que Khoubilaï-Khân leur remit sont peut-être conservées dans les archives du Vatican, comme ont été conservées aux Archives de France celles d'Argoun et d'Œldjaïtou-Khân à Philippe le Bel, roi de France, publiées par M. Abel Remusat (2). « Il mandoit, dit Marc Pol (ch. 7) disant a l'Apostolle que se il lui uouloit en-uoyer iusques a cent sages hommes de notre loi crestienne, et que il seussent de tous les sept ars, et que bien seussent desputer et mons-trer apertement aux ydolastres, et aux autres conuersations de gens, par force de raisons, comment la loy de Crist estoit la meilleur, et comment toutes les autres sont mauueses et fausses; et se il prouuoient ce, que il (lui) et tout son pouoir deuendroient crestien et hommes de l'Église. »

En 1266 les deux frères, avec le *baron* mongol, se mirent en route pour accomplir leur mission près du chef de la chrétienté, en qua-lité d'*ambasaors*. Le baron tomba malade en route, et ne put continuer sa mission. Les Poli furent plus heureux. Après être restés trois ans en voyage, ils arrivèrent à Layas en Arménie; de là ils se rendirent à Acre, où ils arrivèrent en 1269. Ils allèrent trouver le légat du pape, qui se nommait Tebaldo, de la famille des Visconti de Plaisance, lequel, deux ans après, fut élu pape, et régna sous le nom de Grégoire X. Après l'a-voir instruit de la mission dont ils étaient chargés de la part de Khoubilaï-Khân, le légat engagea les deux frères à attendre l'élection d'un nouveau pape, pour remplir auprès de lui cette mission. Les deux frères s'en revinrent donc. « Et quant il furent uenu en Venisse, si trouua messire Nicolas sa femme morte, et lui estoit remez de sa femme vn fils de quinze ans, lequel auoit a nom Marc, de qui cest Livre parole. » C'est de lui aussi que désormais nous allons parler.

Second voyage des deux frères Poli, et départ de Marc Pol pour la Chine et la Mongolie. — Après avoir attendu deux ans à Ve-nise l'élection d'un nouveau pape, les envoyés du grand khân de Tartarie, impatientés des délais inusités apportés à cette élection (le sacré col-lége, assemblé à Viterbe, ne pouvait parvenir à s'entendre sur le choix à faire), résolurent de retourner près de Khoubilaï-Khân pour lui rendre compte de l'impossibilité où ils avaient été de remplir leur mission. Ils partirent donc de Venise, emmenant avec eux le jeune Marc. Ils passèrent par la ville d'Acre, où ils prirent congé du légat, se rendirent à Jérusalem pour y chercher de l'huile de la lampe du Saint-Sépulcre, que le grand khân les avait chargés de lui rapporter. Ils repassèrent par la ville d'Acre, pour voir encore le légat et lui demander ses lettres pour le grand khân, afin de pouvoir se justifier auprès de lui de la longue durée de leur absence et de l'insuccès de leur mission. Le légat les leur ayant remises, ils se rendirent à Layas, dans la petite Arménie, où ils apprirent que ledit légat avait été élu pape le 1er septembre 1271, ce qui leur causa beaucoup de joie. Ils y reçurent un message qui les engageait à retourner à Acre pour s'entendre avec lui (Grégoire X), concernant la mission dont ils étaient chargés. Le roi d'Arménie les fit transporter, par une de ses galères, à la ville d'Acre, et le nouveau pape leur ayant donné sa bénédiction, leur adjoignit deux frères prêcheurs, les plus instruits qu'il put trouver, pour les accompagner près du grand khân. L'un s'appelait Nicolas de Vicence, et l'autre Guillaume de Tripoli, du couvent d'Acre, dont on possède une relation manuscrite intitulée : *De l'estat des sarrazins et de Mahommet*. Les missives du pape Grégoire X au grand khân des Tartares leur ayant été remises, ils prirent tous congé de lui, et se mirent en route pour leur destination.

A peine furent-ils de retour à Layas que le sultan mamelouk Bibars envahit l'Arménie avec une armée de sarrasins. Les envoyés du pape près du grand khân et les trois Vénitiens faillirent être pris. Les deux frères prêcheurs n'osèrent continuer leur route; « il orent moult grant paour d'aler auant, » comme dit Marc Pol (ch. 12). Ils remirent donc aux deux frères Poli les lettres du pape au grand khân, « et s'en alerent avec le Maistre du Temple ». Voilà comment les *cent docteurs en théologie* que Khoubilaï-Khân avait demandés au chef de la catholicité, pour « discuter devant lui les dogmes du christianisme et prouver la vérité de cette religion en même temps que la fausseté de toutes les autres, » manquèrent la conversion du plus puissant souverain du monde et des populations innombrables qui lui étaient soumises ! Ainsi abandonnés de leurs compagnons de voyage, les Vénitiens continuèrent leur route. Ils éprouvèrent tant de contre-temps pendant leur voyage qu'ils furent *trois ans et demi* en chemin (ch. 13). Le grand khân ayant appris leur retour envoya un exprès à quarante journées au-devant d'eux pour les conduire en sa présence.

Arrivée des deux frères Poli et du jeune Marc Pol en Mongolie devant Khoubilaï-Khân. — Lorsqu'ils y furent arrivés (en 1275), « il les reçut moult honnourablement, dit Marc Pol (ch. 14), et leur fist moult grant ioie et grant feste, et leur demanda moult de leur estre, et comment il auoient puis fait ? — Cil respondirent que il ont moult bien fait, puis que il l'ont trouué sain et haittié (bien portant). Adonc lui presenterent les priuileges et les chartes que il auoient de par l'Apostolle, desquelles il ot grant liesce; puis li donnerent le saint huille du Sepulcre; et fu moult alegre, et l'ot moult chier. Et quant il uit Marc, qui estoit iœnes bacheler, si demanda qui il estoit? — Sire, dist son pere, il est mon filz et uostre homme. Bien soit-il uenu, dit le seigneur. — Et pourquoy uous en feroie ie donc compte? Sachiez que il ot a la cour du Seigneur moult grant feste de leur uenue, et moult estoient serui et honnoure de touz. Et demourerent a la cour auec les autres barons. »

Le jeune Marc Pol se fut bientôt mis au fait des usages et coutumes de la cour mongole au milieu de laquelle il se vit placé. « Il apprist si bien la coustume des Tatars et leur languages, et leur lettres et leur archerie, que ce fu merueilles (ch. 15). Car sachiez, uraiement, il sot en pou de temps de pluseurs languages, et sot de quatre lettres de leur escriptures. Il estoit sages et pouruœans en toutes choses; si que, pour ce, le seigneur lui uouloit moult grant bien. Si que, quant le seigneur uit que il estoit si sages, et de si beau et bon portement, il l'enuoia en vn message en vne terre où bien auoit six mois de chemin. Le iœne bacheler fist sa messagerie bien et sagement. Et pour ce que il auoit ueu et sceu pluseurs foiz que le seigneur enuoioit ses messages par diuerses parties du monde, et quant il retornoient il ne li sauoient autre chose dire que ce pourquoy il estoient alé : si les tenoit touz à folz et à nices. Et leur disoit : « Je ameroie miex ouïr les nouuelles choses et les manieres des diuerses contrees que ce pourquoi tu es alez; » car moult se délictoit a entendre estranges choses. Si que, pour ce, en alant et retornant, il (Marc Pol) mist moult s'entente de sauoir de toutes diuerses choses, selonc les contrees, a ce que, a son retour, le peust dire au grant khan. »

Ce petit récit, plein d'une charmante naïveté, nous donne le secret du *Livre de Marc Pol*. C'était pour satisfaire la curiosité du grand khân que, dans les missions lointaines dont il fut chargé, il s'attacha à observer les mœurs et coutumes des pays étrangers, pour en faire, à son retour, le récit détaillé à son seigneur. C'est ce désir, fort naturel d'ailleurs, de lui plaire, et fort honorable aussi pour Khoubilaï-Khân, qui nous a valu ce même *Livre*, d'un secours si grand pour la connaissance de l'Asie au moyen âge.

Missions dont Marc Pol fut chargé par le grand khân. — La première mission dont fut chargé Marc Pol par Khoubilaï-Khân fut, comme il nous l'a dit dans son livre (ch. 15), pour un pays éloigné de six mois de chemin. Il n'a pas indiqué le lieu de sa destination. Mais d'après l'histoire de la dynastie mongole et la description qu'il nous a laissée des contrées visitées par lui, on peut conjecturer avec quelque certitude que cette première mission diplomatique du jeune Marc fut pour le royaume d'Annam ou le Tunkin. Le roi de ce pays, Tchin Kouang-ping, étant venu à mourir en 1277, son fils héréditaire, Jit-huan, lui succéda; et il expédia aussitôt un ambassadeur à la cour de Khoubilaï-Khân pour lui annoncer son avénement (1). L'empereur mongol dut lui envoyer à son tour une ambassade pour le féliciter; et c'est sans doute à cette ambassade que Marc Pol fut attaché en qualité d'*envoyé* ou *commissaire en second* (*foŭ-ssè*); car on lit dans les Annales chinoises de la dynastie mongole (2) que cette même année 1277 un *Polo* fut nommé « *commissaire ou envoyé en second du conseil privé (Tchoŭ-mĭ foŭ-ssè)*. La mission envoyée près du nouveau roi du royaume d'Annam, quoiqu'elle ne soit pas mentionnée dans l'histoire chinoise, est d'autant plus probable que Khoubilaï-Khân était très-intéressé à conserver de bonnes relations avec ce prince (au père duquel il avait fait la guerre en 1257 et pris sa capitale), parce que cette même année le roi du royaume de Mien (l'empire Birman actuel), sommé par lui d'avoir à lui payer tribut, n'avait pas voulu obéir, avait envahi la province de Yŭn-nân et s'était emparé de la ville importante ainsi que du territoire de Yoŭng-tchâng. Il fallut que le vice-roi de cette province envoyât une armée pour repousser celle des Mien, qui se retira après avoir démoli plus de trois cents petits forts construits sur les hauteurs et les défilés de leurs frontières (3). La description que donne Marc Pol du royaume de Mien ou d'Ava et des pays limitrophes, dans les chapitres 120 et suivants de son *Livre* ne peut avoir été faite que par un témoin oculaire. On doit d'autant plus admettre que la première mission donnée à Marc Pol, depuis son arrivée avec son père et son oncle à la cour de Khoubilaï-Khân, vers le milieu de l'été de 1275, était pour les pays étrangers situés au midi de l'empire chinois, que c'est aussi par la description de la route suivie dans ce voyage, aller et retour, qu'il commence ce que l'on a appelé son « second Livre », consacré à décrire d'abord les provinces septentrionales de la Chine, en partant de Péking, ensuite le Tibet, le Yŭn-nân, le royaume de Mien, le Bengale, les provinces méridionales et orientales de la Chine qu'il parcourut à son retour.

Après cette première mission, Marc Pol paraît avoir été chargé avec d'autres commissaires, choisis sans doute parmi les hommes de confiance qui étaient à la cour du khân, pour inventorier les archives de la cour des Soung, sur

lesquelles le général en chef Bâyan, après l'occupation de Hang-tcheou, leur capitale, qui se soumit sans combat; avait fait apposer les scellés. Marc Pol, en décrivant cette ville (ch. 151), qu'il appelle *Quinsay* (en chinois *King-sse*, la capitale), dit que sa description statistique est tirée d'une lettre écrite à Bâyan par la reine mère, pour obtenir du grand khân des conditions moins humiliantes que celles de se rendre à discrétion, et pour épargner les édifices, les palais et les autres propriétés de cette riche cité. La description que Marc Pol en donne, d'après cette lettre de l'impératrice des Soung, qu'il dit avoir eue entre les mains, put être vérifiée ensuite par lui-même sur les lieux. En voici quelques extraits :

« Tout premièrement estoit contenu oudit escript que ladite cité de *Quinsay* est si grant qu'elle a bien .C. milles de tour; et si y a .xii. mille pons de pierre, si haulx que par dessoubs passeroit bien une grant nauire. Et ne se merueille nulz se il y a tant de pons; car ie vous dis que la cité est tout en yaue, et enuironnee d'yaue : si que pour ce conuient il y ait tant de pons pour aler par la cité.

« Encore contenoit ledit escript que en celle cité auoit douze manieres de diuers mestiers; et pour chascun mestier auoit .xii. mille maisons où ceulx qui ouuroient demouroient; et en chascune maison auoit dix hommes, du mains (*au moins*); et en telle y auoit .xx, et en telle y auoit .xxx, et en telle y auoit .xl. Non pas qu'ilz feussent touz maistres, mais nalles menestraux (1) qui font ce que le maistre commande. Et tout ce auoit bien mestier (*ouvrage*) en ladite cité, car d'elle se fournissent citez et uilles de la contree.

« Et si contenoit encore ledit escript que il y auoit tant de marchans, et si riches, qui faisoient tant de marchandises et si grans, qu'il n'est homs qui la uerite en sceust dire pour la grant quantite qu'il y a. Et sachiez que les maistres des mestiers, qui estoient chiefs de maison, ne leur femmes, ne touchoient riens de leur mains; mais demouroient si nettement et si richement comme se il feussent roys. Et estoit establi et ordonne de par le roy, que nul ne feist autre mestier que cellui de son père et eust (*eut-il*) tout l'auoir du monde.

« Et a, la cité, un grant lac qui a bien .xxx. milles de tour. Et entour ce lac a moult de beaux palais et moult de belles maisons, qui sont de grans, gentilz et riches hommes et puissans, demeurant en la cité. Et y a moult d'abbaies et d'eglises de ydolastres. Et ou milieu de cellui lac a deux isles, et sur chascune un bel palais et riche comme palais d'empereur. Et quant aucun de la cité ueut faire aucune notable feste si la fait en aucun d'iceulx palais; car on y treuue tout ce qui a mestier appareillie, comme

---

(1) *Li-taï-ki-ssé*, K. 97, f° 52, v°.
(2) *Yuen-sse*, K. 9, f° 17.
(3) *Le-li-kaï-ssi*, K. 97, f° 52, v°.

(·) *Ouvriers travaillant sous la direction d'un maître;* telle est la signification de *ralles ménestraux,* ce dernier mot étant dérivé du latin *ministeriales.*

naissellemente et autres choses et tout ce qui
fait mestier a faire une feste solempnellement.
Et *tout ce pouruoit le roy, pour honnourer
sa gent.* Et est ledit palais a chascun com-
mun, qui feste ueut faire.

« Aux maisons de ceste cite auoit haultes tours
de pierres ou l'en mettoit les chieres choses pour
doubte du feu ; car les autres habitations sont
de bois, etc. »

Ce fut dans la même province nouvellement
conquise, et sans doute vers la même époque,
que Marc Pol fut nommé, comme il nous le
dit lui-même (ch. 143), gouverneur de la ville
et du territoire de Yang-tchéou, qui avait sous
sa juridiction vingt-sept autres villes. « Et ot
seigneurie en ceste cite, Marc Pol, trois ans. Et
si siet un des douze barons ou grant khân. »
Cette ville de Yang-tchéou, qui est aujourd'hui
chef-lieu d'un département de la province de
Kiâng-nân, fut en effet pendant un an (en
1276) érigée en l'un des chefs-lieux de gouvernement généraux (*Hing tchoung tchou Sëng*)
au nombre de douze pour tout l'empire de
Khoubilaï-Khân, à la tête desquels étaient
placés douze des plus hauts personnages de l'É-
tat ; mais l'année suivante, en 1277, le siége de
ce gouvernement général fut transféré ailleurs, et
Yâng-tchéou devint un *loù*, c'est-à-dire un gouvernement immédiatement inférieur, relevant directement du *Seng*, ou gouvernement général du
Hô-nân (le midi du Houâng-hô) et du Kiâng-pè
(le nord du Kiâng). Ce fut sans doute dans
les années 1277 à 1280 que Marc Pol fut gouverneur de la ville de Yang-tchéou et de toutes
les autres villes, au nombre de vingt-sept,
qu'elle avait dans sa juridiction. Le texte italien de Ramusio porte que « ce fut par une
commission spéciale du grand khân qu'il en eut
le gouvernement pendant trois années (1), à la
place de l'un des douze gouverneurs généraux
ou vice-rois (2) ». Notre rédaction française,
plus ancienne, ne mentionne pas ce fait, histo-
riquement vrai, en ce sens seulement que le
gouvernement en question ne fut que durant
un an (3) celui de tout une grande province, et
qu'il devint ensuite celui d'une circonscription
inférieure. C'est dans ce sens que Marc Pol fut
nommé gouverneur, *en place* d'un gouverneur
général de l'une des *douze* grandes provinces
administratives de l'empire. C'est ce qu'aucun
des commentateurs de Marc Pol n'avait su dis-
tinguer jusqu'à ce jour. Le fait ne s'en trouve pas
moins confirmé par l'histoire chinoise, et il en
est de même de presque tous ses autres récits.

Il en est un cependant sur lequel Marc Pol

est en désa...... avec les historiens chinois, au
moins pour la date et le nom de quelques personnages cités. Il s'agit du siége célèbre de la
ville de Siâng-yàng par l'armée mongole ; siége qui
dura cinq ans (1), et à la fin duquel le général
mongol, nommé Alihaïya, de la nation des Ouïgours, qui le commandait, ayant employé des
machines construites par des étrangers pour
lancer de grosses pierres dans la ville et abattre
les maisons, parvint enfin à la réduire. Marc Pol
nous dit (ch. 145) : « Et sachiez que cette cite se
tint contre le grant kaan trois ans, puis (*après*)
que tout le *Mangi* (la Chine méridionale) fu
rendus. Et tousiours li faisoient les gens du
grant kaan grans assaulx ; mais il ne la
pouoient assegier pour les grans eaues par-
fondes qui sont entour. Et vous di que iamais
ne l'eussent prise, se ne fust une chose que ie
vous diray.

« Sachiez que quant l'ost du grand kaan ot este
entour ceste cite .iij. ans, et il ne la porent
prendre, si en furent moult courroucie. Si dis-
trent messire Nicolas Pol et messire Maffe (2)
au grant kaan, qu'ils feroient, se il li plaisoit,
engins par lesquels ils feroient tant que la cite
se rendroit. Quand le grant kaan l'oy, si en ot
moult grant joye. Adonc firent les deux freres
appareillier merrien et firent faire grans per-
rières (*pierriers*) et grans mangoniaus (*man-
gonneaux*), et les firent asseoir en diuers
lieux entour la cite. Quand li sires et ses barons virent ces engins dressier et getter les
pierres, si en orent moult grant merueille, et
moult uoulentiers les regarderent ; car moult
leur estoit estrange chose, pource que oncques
mais n'auoient ueu ne oy parler de tielx engiens.
Si getterent cil engin dedens la cite, et abatoient
les maisons a trop grant plante et tuoient gens
a merueilles. Et quant les gens de la cite uirent
celle male aventure, que oncques mais n'auoient
ueue ne oye, si furent moult esbahy et auoient
moult grant merueille comment ce pouoit estre.
Et cuidoient tuit estre mort par ces pierres. Et tuit
uraiement cuidoient que ce fust enchantement.

« Si pristrent conseil et accorderent qu'il se
rendroient, et enuoierent messaiges au seigneur
de l'ost qu'il se uouloient rendre au grant kaan
en la maniere que les autres citez de la contree
auoient fait. Et ainsi le firent et furent receu et
tenus comme les autres citez. Et ce auint par la
grant paour des engins. Et sachiez que ceste cite
et sa contree est une des meilleurs citez que le
grant kaan ait ; car il en a moult grant rente et
grant prouffit (3). »

---

(1) La règle existait déjà alors en Chine, et existe encore aujourd'hui dans le gouvernement, de ne laisser
un fonctionnaire public que *trois ans* dans le même
lieu.

(2) « E Marco Polo, di commissione del Gran Can,
n'ebbe il governo tre anni continui *in luogo* d'un de' detti
baroni. »

(3) *Tat-thsing-i-thoung-tchi*, K. 49, fº 2.

(1) Selon l'histoire officielle chinoise, il commença, par
l'ordre de Khoubilaï-Khân, à la 9e lune de l'année 1268,
et finit par la reddition de la ville, après avoir éprouvé
les nouveaux engins de guerre, à la 2e lune de 1273.

(2) Nous suivons ici les Mss. A et B., le Ms. C. fait aussi
intervenir Marc Pol, comme le texte publié par la Société
de Géographie de Paris.

(3) Dans notre manuscrit le plus moderne, aussi bien
que dans le texte publié par la Société de géographie de
Paris, le récit est plus détaillé. Il y est dit : « Et sachiez

A part les deux noms des frères Poli, on dirait ce récit traduit textuellement des historiens chinois. Ceux-ci disent qu'en 1271 le général Alibaïya, qui avait déjà fait la guerre dans l'occident de l'Asie, proposa à l'empereur Khoubilaï-Khân de faire venir de ce pays des ingénieurs qui savaient construire des machines de guerre avec lesquelles on pouvait lancer des pierres d'un poids de cent cinquante livres, lesquelles pierres entamaient les plus épaisses murailles. L'empereur accueillit la proposition, et ordonna de faire venir deux de ces ingénieurs. Ils se nommaient l'un Alaouting (*Alâ-eddîn*), et l'autre Ysemain (1). Ils construisirent donc des machines qui furent d'abord employées au siége de Fan-tching, puis devant Siang-yang, où elles causèrent de grands dommages et amenèrent la reddition de ces deux villes, reliées entre elles par un pont de bateaux.

Il n'y aurait rien que de très-vraisemblable à supposer que les deux ingénieurs ou machinistes dont parle l'histoire chinoise fussent les deux étrangers dont il est question dans certaines rédactions et manuscrits de Marc Pol, et dont l'un était un *chrétien nestorien* (les Ouïgours étaient aussi nestoriens) et l'autre *allemand*; le nom d'*Yssemain*, des historiens chinois, peut facilement être admis pour une altération d'*alemant*. Là n'est pas la difficulté. Cette difficulté se trouve dans la date de 1271 comme étant celle de la proposition faite à Khoubilaï-Khân de faire venir les machinistes, et dans celle de 1273, comme étant l'année où les machines construites furent employées au siége de Siang-yang-fou. Tous les historiens chinois qui ont parlé de ce siége s'accordent sur cette même date pour être

que il (les Poli) auoient auecques eulx .ij. hommes qui estoient de leur mesgnie (*suite*) qui sauoient et entendoient de ce service aucune chose. L'un estoit crestien nestorin et l'autre estoit Alemaut de Alemaigne, crestien. Si que entre ces .ij. et les autres .iij. deuant diz, en firent faire .iij. moult beaulx et moult grans, desquelz chascun gettoit la pierre qui pesoit plus de .iij.c. (300) liures chascune, et la veoit l'en uoler moult loin, etc. »

(1) Ces détails n'ont été donnés, d'après les historiens chinois, que par le P. Gaubil, dans son *Histoire des Mongous*, page 155, et par Visdelou (*Suppl.* à la Bibliothèque orientale de d'Herbelot, p. 188) sans indiquer leurs autorités ; ils ne se trouvent pas dans les histoires chinoises que nous possédons. Le *Sou-Thoung-kien-kang-mou*, qui est l'histoire générale officielle, dit seulement, à l'année 1273 (K. 21, fol. 44), que le général « A-li-haï-ya (qui assiégeait la ville de Fan-tching, située en face de Siang-yang) ayant reçu d'hommes du Si-yu (ou des contrées situés à l'occident de l'Asie) de nouveaux *phao*, ou engins à lancer des pierres d'après les principes qui leur étaient propres, il employa ces engins d'un nouveau modèle à réduire Fan-tching, qui succomba au printemps, à la première lune de l'année 1273 ; et *Siang-yang* se rendit à la deuxième lune de la même année, après avoir été battue en brèche par ces mêmes engins. » Les historiens chinois disent « que la galerie de bois intérieure d'un *phao* produisait un bruit comme celui du tonnerre (*chin loui*) (1). » Il paraîtrait, d'après cette description, que le projectile placé dans ces *nouveaux* engins de guerre étoit lancé par la *détonation* de la poudre, déjà connue en Chine, et non par le moyen de ressorts très-puissants, comme dans les catapultes.

(1) Ib. fo 45 ; et *Li-taï-ki-sse*, K. 97, fo 25.

celle de la prise ou de la reddition de cette ville aux Mongols (1). On ne peut être admis à la contester comme l'a fait le comte Baldelli Boni, en la reportant à 1279 pour la faire concorder avec la présence des Poli en Chine à cette dernière date. Les raisons alléguées par Marsden ne valent pas mieux. C'est faire preuve d'une grande ignorance de la manière dont les annales officielles de la Chine sont rédigées, que de supposer que les auteurs de ces annales se sont trompés à ce point de *reculer de six ans* un événement tel que celui de la reddition de l'une des villes les plus importantes de l'empire.

Tout ce que l'on peut dire pour faire concorder le récit de Marc Pol avec celui des historiens chinois, c'est de supposer que ce fut dans leur *premier voyage en Chine*, que les deux frères Poli proposèrent au grand khân les machinistes en question, qui étaient à leur service, et qu'ils ne durent pas ramener avec eux en Europe, puisqu'ils devaient retourner dans ce pays, près de Khoubilaï-Khân, pour lui rendre compte de leur mission. Dans tous les cas, les rédactions du *Livre de Marc Pol*, dans lesquels on le fait figurer au siége de Siàng-yâng, ne méritent sur ce point aucune créance. Nos deux plus anciens manuscrits ne le mentionnent pas.

S'il fallait s'en rapporter à un chapitre de la rédaction italienne de Ramusio (l. 2, ch. 8), qui ne se rencontre dans aucune des rédactions françaises du livre de Marc Pol, ce dernier se serait trouvé présent à Péking (2) lors de la conspiration qui se forma en 1282 contre le ministre des finances Ahama ou Ahmed, détesté pour ses crimes et ses nombreuses concussions, et assassiné au palais par un des conseillers même de Khoubilaï-Khân. Les détails de la conspiration, du meurtre d'Ahmed par le principal des conjurés, le supplice de ce dernier, la colère de Khoubilaï-Khân en apprenant cette nouvelle, les révélations qui lui furent faites sur la conduite de son ministre, les châtiments exercés ensuite sur les complices et les membres de sa famille, la confiscation des immenses richesses que ce ministre prévaricateur, natif de Samarkand, avait accumulées; tout cela est raconté dans Ramusio avec une telle exactitude, une précision telle qu'il n'y a qu'une personne ayant été sur les lieux et ayant eu en mains toutes les pièces de la procédure, comme les historiens officiels chinois, qui ait pu le rédiger. Ce fait suffirait à lui seul pour admettre, sans hésitation, que le *Polo* dont il est question dans les historiens chinois (3), à propos de l'affaire d'Ahama

(1) Cette date est la 10e année *tchi-yuen* du règne de Chi-tsou, et 9e année *hien-tchun* de Tou-tsoung des Soung, qui correspond à l'année 1273 de notre ère.

(2) « M. Marco si trovava in quel luogo. » (Ramusio, l. 2, ch. 8.)

(3) Voir *Yuen-sse*, K. 12, fo 7 et K. 205, Vie d'*Ahama*; — *Souh Thôung-kien-kang-mou*, K. 23, fos 8-9; — *Li-taï-ki-sse*, K. 98, fo 6. — *Kang-kien-i-tchi*, K. 90, fo 16. — *Foung-tchcou-kang-kien-hoéi-tsuan*, K. 15, fo 9.

ou *Ahmed*, et qu'ils disent avoir été chargé, avec deux autres personnages, par Khoubilaï-Khân (qui était alors à sa résidence d'été en Mongolie) de se rendre immédiatement avec des chevaux de poste à Ta-tou (*Péking*) pour instruire l'affaire et juger les coupables, est Marc *Polo* lui-même, d'autant qu'il dit, dans le chapitre de Ramusio, comme on l'a vu ci-dessus, qu'il *était sur les lieux*. Ce fut *Po-lo*, selon les historiens chinois, qui, ayant été interrogé par Khoubilaï-Khân, après l'instruction de l'affaire et le jugement des coupables, sur le compte d'Ahmed lui-même, révéla à l'empereur tous les crimes et les concussions dont son ministre s'était rendu coupable; ce qui fut, de sa part, un acte de courage et de justice.

On s'étonne de voir un fait aussi important omis dans les anciennes rédactions du Livre de Marc Pol, et n'être raconté que dans celle de Ramusio, qui ne parut qu'en 1559, deux cent trente-six ans après la mort du célèbre voyageur. Mais il se peut que des scrupules de délicatesse aient empêché Marc Pol de comprendre dans son livre aucun récit qui pouvait porter quelque atteinte à la haute réputation qu'il s'est attaché à faire en Europe au souverain mongol près duquel il était resté si longtemps; et les exactions exercées pendant neuf ans par son ministre des finances, ses extorsions journalières restées si longtemps impunies, ne sont certainement pas un éloge pour le souverain qui les toléra ou n'en fut pas instruit. On comprend donc que Marc Pol n'ait pas voulu livrer ces faits à la publicité. Mais il en avait sans doute fait une rédaction pour lui-même, qui, après sa mort, aura été trouvée dans ses papiers, ou recueillie de sa bouche, et qui aura passé ensuite avec une foule d'autres additions, moins authentiques, dans la rédaction italienne publiée par Ramusio. C'est, selon nous, la meilleure explication que l'on puisse donner du fait.

Après avoir réglé l'affaire de son premier ministre Ahmed, qui lui procura d'assez grandes ressources financières, Khoubilaï-Khân résolut de faire une nouvelle expédition contre le Japon et de conquérir le royaume de Mien. On peut supposer, d'après la manière dont Marc Pol raconte la dernière expédition (ch. 120-125) qu'il en faisait partie, non comme officier de l'armée expéditionnaire, mais comme attaché spécial, avec son titre « de commissaire en second du conseil privé ». Nous avons cru précédemment pouvoir induire du Livre même de Marc Pol que la première mission dont il fut chargé par Khoubilaï-Khân, depuis son arrivée en Chine, avait été pour ce même royaume de Mien, l'empire Birman de nos jours. Cette seconde mission de Marc Pol ne nous paraît pas moins certaine. L'expédition est placée par lui à l'année 1272; mais cette date ainsi que la plupart de celles qui sont données dans son livre sont erronées. Cela ne doit diminuer en rien la confiance qu'il

mérite; car il lui était bien difficile, si non impossible, d'établir d'une manière exacte la concordance des calendriers mongol ou chinois et européen. Pendant tout le temps de sa résidence en Chine, les dates des années, des mois et des jours ont dû être écrites par lui, soit d'après le calendrier chinois, soit d'après le calendrier mahométan; et pour réduire ces mêmes dates au calendrier européen en usage de son temps il dut éprouver les plus grandes difficultés, et par conséquent commettre beaucoup d'erreurs, sans compter celles de ses nombreux copistes, dont on le rend aussi responsable.

La rubrique du chapitre 121 du Livre de Marc Pol est ainsi conçue : « Cy nous dist de la bataille qui fu entre l'ost et le *mareschal* au grant kaan, et le roy de Mien. » Les historiens chinois donnent au chef de l'armée expéditionnaire mongole Siang-taour le titre de *roi* (*wâng*) (1); c'était le titre le plus élevé de la cour mongole correspondant parfaitement à celui de *maréchal*. Cet officier était d'origine mahométane, comme l'indique son nom (*Nacir* ou *Naçr-eddin*, le pèlerin religieux). Ce fut lui qui, par les dispositions habiles qu'il sut prendre, après avoir vu les chevaux de sa cavalerie fuir épouvantés devant l'armée, montée sur des éléphants, du roi de Mien, fit mettre pied à terre à tous ses cavaliers, attacher leurs chevaux aux arbres d'un bois voisin, dans lequel les éléphants de l'ennemi ne pouvaient pénétrer; et, cette opération faite, il les fit se précipiter sur l'armée du roi de Mien, qu'ils mirent dans une complète déroute. Ils purent ainsi, après la bataille, et à l'aide seulement des prisonniers de Mien, s'emparer de plus de deux cents éléphants qui s'étaient enfuis dans la forêt et qui ne pouvaient plus en sortir. C'est depuis cette bataille, nous dit Marc Pol, que le grand khân eut des éléphants dans ses armées.

Aucun historien chinois n'entre dans les détails nombreux et très-intéressants que donne Marc Pol sur cette bataille et la conquête du royaume de Mien, qui en fut la suite. On voit qu'il n'a pu écrire son récit que parce qu'il fut le témoin oculaire des événements qu'il raconte.

Les annales birmanes font mention de cette guerre. « En l'année 1281, y est-il dit (2), pendant le règne de Nara-thi-ha-padé, le 52e roi de Pagan (Pégou), l'empereur de Chine envoya une mission pour demander des vases d'or et d'argent comme tribut; mais le roi ayant mis à mort toutes les personnes qui composaient la mission, une puissante armée chinoise envahit le royaume de Pégou (*Mien* de Marc Pol et de l'histoire chinoise), prit la capitale en 1284, et poursuivit le roi qui s'était réfugié à Basséin (ville du royaume d'Ava). L'armée chinoise fut obligée de se retirer par suite du manque de

(1) *Souh Toung-kien-kang-mou*, K. 23, f° 14 v°.
(2) Voir *The journal of the Asiatic Society of Bengal*, febr. 1837, p. 121.

subsistances. » Cet extrait des annales birmanes est conforme aux annales chinoises, et ne laisse aucun doute sur la date erronée donnée par Marc Pol à l'expédition du royaume de Mien.

La dernière mission confiée à Marc Pol par Khoubilaï-Khân avant son départ de la Chine fut celle dans le royaume de Tsiampa, qui comprenait cette partie de la Cochinchine, voisine du Camboge. Il fit cette expédition par mer. La description qu'il donne de ce pays offre un intérêt tout particulier. « Sachiez (1) que quand on se part du port de *Çaylon* (*Thsiouan-tchéou-fou*, dans la prouince de *Fou-kien*), et on nage (*navigue*) en occident uers garbin (*sud-ouest*) .m. v. c. (1500) milles, adonc uient l'en en vne contrée qui a nom *Cyamba*, qui moult est riche terre et grant; et ont roy par eulx et langaige aussy. Ilz sont ydolatres et font treu (*payent tribut*) au grant kaan d'oliphans, chascun an. Et autre chose ne lui donnent que oliphans. Et uous diray pourquoi ilz font ce treu.

« Il fu uoir que en l'an mil. cc. cens et .lxxviii. ans de Crist (1278), le grant kaan ennoya vn sien baron, que l'en appeloit *Sagatu*, atout moult grant gent a cheual et a pié sur ce roy de Cyamba. Et commença, cil baron, a faire moult grant guerre au roy et a sa contrée. Le roy estoit de grant aage; et, d'autre part, il n'auoit mie si grant pouoir de gent comme cil baron. Et quant le roy uit que celluy baron destruisoit son regne, si en ot moult grant douleur. Si fist apparceillier ses messaiges et les ennoya au grant kaan. Et lui dirent :

« Nostre seigneur li roys de Cyamba uous salue comme son lige seigneur; et uous fait assauoir qu'il est de grant aage, et que loing temps a tenu son regne en paix. Et uous mande par nous quil uuelt estre uostre homs, et uous doura (*donnera*), chascun an, treu de tant d'oliphans comme il uous plaira. Et uous prie doulcement, et uous crie mercy que uous mandez a nostre baron et a ses gens que ilz ne gastent plus son regne, et qu'il se partent de sa terre, laquelle sera, puis, en nostre commandement comme uostre que il la tendra de uous.

« Et quant le grant kaan oy ce que le roy li mandoit, si en ot pitié, et manda a son baron et a son ost qu'ilz se partissent de ce regne, et alaissent en autre pays pour conquerre. Et ceulx, dès maintenant qu'ilz orent le commandement du grant kaan, si le firent. Si que cilz roys deuint homs du grant kaan en ceste manière, et lui fait, chascun an, treu de .xx. oliphans les plus beaux et les graigneurs que il puet auoir en son pays.

« Or uous lairons a conter de ce; si uous dirons l'affaire du roy Cyamba.

« Sachiez que en ce regne nulle femme ne se puet marier si le roys ne l'a ueue deuant; et se elle lui plaist, il la prent a femme; et se elle ne

lui plaist, il lui donne du sien tant que elle se puisse marier. Et sachiez que en l'an mil .n. c. iii. xx .xv. (1295) ans de Crist, fu messire Marc Pol en ceste contree; et a celluy temps auoit li roys .iii. cens .xxvi. (326) enfans, que masles, que femelles, et en y auoit bien .c. et .l. (150) qui pouoient porter armes.

« Il y a oliphans assez en ce regne. Et si ont grant bois d'un fust noir que l'en appelle ibenus (*ébène*), de quoy on fait arches (*coffrets*). »

Ici encore la date donnée par les manuscrits de Marc Pol pour son passage à Cyamba, aujourd'hui province de Saïgon, conquise par la France, est évidemment erronée. En supposant que ce soit à son retour en Europe qu'il y ait touché, comme à Java, à Ceylan et ailleurs, ce ne pouvait être en l'année 1295, donnée par lui comme étant celle de son séjour à Cyamba. Car la bataille navale entre la flotte vénitienne et la flotte génoise qui eut lieu près des côtes de l'Arménie, dans le golfe de Lajazzo, ou Layas, et où Marc Pol fut fait prisonnier par les Génois sur la galère qu'il commandait, et qu'il avait armée à ses frais, est placée, par la chronique de Jacopo d'Aqui, à l'année 1296. De la Cochinchine Marc Pol dut accompagner, avec son père et son oncle la princesse mongole qu'ils avaient été chargés par Khoubilaï-Khân de conduire à la cour de Perse. Ils étaient partis de la cour de l'empereur Mongol vers 1292, puisqu'ils mirent deux ans pour se rendre à Tauris, comme il est dit au chapitre 18, et qu'ils arrivèrent à Venise en 1295 de Christ. Ils n'avaient cependant mis que trois mois pour faire la traversée du port d'embarquement en Chine jusqu'à Java (ch. 18).

Au surplus, Marc Pol, peu de temps avant son départ de Chine, venait de faire un voyage dans l'Inde, d'où il était retourné en Chine par mer, puisque c'est en racontant au grand khân les incidents de ce voyage par mer, que les envoyés du khân de Perse, Argoun, eurent la pensée de prendre la même voie pour le retour de leur mission. « Et entretant retourna messire Marc, d'Inde, qui estoit alez pour *ambassaour* (ambassadeur) du seigneur (Khoubilaï-Khân); et conta les diuersitez que il auoit ueues en son chemin, et comment il estoit alez moult par diuerses mers (ch. 17). » La description curieuse que Marc Pol donne de toutes les provinces maritimes de l'Inde prouve effectivement qu'il dut les visiter avec beaucoup d'attention.

Départ de la Chine. — Après avoir passé dix-sept ans au service du souverain mongol, et avoir rempli plusieurs missions importantes dans diverses contrées de l'Asie, indépendamment des années passées à l'aller et au retour, en faisant pour ainsi dire le tour de cette grande partie du monde, alors presque complétement inconnue à l'Europe, Marc Pol revint dans sa patrie avec son père Niccolò Polo, et son oncle Matteo Polo, en conduisant, comme nous l'avons dit, à la cour de Perse, la princesse mongole

(1) Ch. 161.

destinée à Argoun, qui était mort avant leur arrivée. La princesse alors fut remise à Gazan, son fils, qui ne lui succéda pas immédiatement; Kaïkhâtou, le frère d'Argoun, ayant été placé sur le trône par quelques généraux, le 22 juillet 1291, il fut étranglé le 23 avril 1295. Comme c'est ce Kaïkhâtou, que Marc Pol nomme *Chiato* (ch. 18), qui régnait à son arrivée en Perse, cette arrivée se place nécessairement entre ces deux dates; ce qui s'accorde du reste avec celle de son retour à Venise en 1295.

La navigation des mers de la Chine au golfe d'Ormus fut pour notre voyageur et les autres passagers des plus périlleuses. Khoubilaï-Khân avait fait équiper pour eux quatorze navires à quatre mâts chacun, avec des vivres pour deux ans. Quelques-uns de ces navires avaient jusqu'à deux cent cinquante hommes d'équipage. « Et sachiez, sans faille, dit Marc Pol (ch. 18), que quant il entrerent en mer il furent bien .vi. c. (600) personnes, sans les mariniers. Tuit morurent, qu'il n'en eschappa que .xviii. (18). Il trouverent que la seigneurie tenoit *Chiato* (*Kaïkhâtou*). Il lui recommandèrent la dame, et firent toute leur messagerie. Et quand les deux freres et messire Marc orent fait leur messagerie et tout l'affaire que le grant seigneur leur auoit commande pour la dame, il pristrent congie, et se partirent et se mistrent a la uoie. Et auant qu'il se partissent, Cogatra, la dame (la princesse mongole qu'ils avoient amenée de Chine) leur donna quatre tables d'or de commandement : les deux de gerfaus et l'une de lyons, et l'autre estoit plaine qui disoit en leur lettre (persane ou mongole) que ces trois messages feussent honneure et serui par toute sa terre comme son corps meismes; et que cheuaulx et toutes despenses et touz cous (toute escorte) leur fussent donnez. Et certes ainsi leur fu il fait; car il orent par toute sa terre toutes choses besoignables bien et largement. Car ie uous di sans faille que maintes fois leur estoient donne .cc. (200) hommes a cheual, et plus et mains, selonc ce que besoin leur estoit a aler seurement. Et que uous en diroie ie? Quant il furent parti, si cheuauchierent tant par leur iournees que il furent uenu a Trapesonde, et puis uindrent a Constantinoble, et de Constantinoble a Negrepont, et de Negrepont a Venisse. Et ce fu a .m. cc. iiii. xx. xv. (1295) ans de l'incarnation de Crist. »

Retour à Venise. — Arrivés à Venise, nos trois voyageurs, qui en étaient partis vingt-six ans auparavant, et qui avaient passé tout ce temps au milieu des populations asiatiques, eurent beaucoup de peine à se faire reconnaître par les parents et les connaissances qu'ils y avaient laissés. D'après Ramusio, qui avait recueilli ces faits par la tradition, les trois Vénitiens ressemblaient à des Tartares par leur costume, leur figure même et leur langage, qui était à peine intelligible, car ils avaient presqu'oublié leur langue maternelle, et ils ne la par-

laient qu'avec un accent étranger et aussi avec un mélange de mots étrangers, sans doute mongols, ouïgours, persans et chinois qui étaient en usage à la cour de Khoubilaï-Khân. Mais ils ne tardèrent pas à reprendre les habitudes européennes et à être recherchés par toute la société distinguée de Venise. Ils étaient rentrés en possession de leur palais (qui existait encore du temps de Ramusio, deux cent cinquante ans après leur retour de Chine), où ils étalaient les richesses et les objets précieux qu'ils avaient rapportés de l'Asie; ce qui fit donner à leur palais le nom d'habitation des millionnaires, *corte dei Millioni*; et Marc Pol fut appelé *messer Marco Milione*. Il arma une galère à ses frais, en prit le commandement pour soutenir, en 1296, la flotte de Venise contre celle de Gênes dans le golfe de Layas, où il fut fait prisonnier et enmené dans les prisons de Gênes. Il y était encore en 1298, comme il nous l'apprend lui-même au début de son livre, dans un prologue qui mérite d'être rapporté ici, parce qu'il fait mieux connaître que tout ce que nous pourrions en dire le contenu et le caractère de ce même livre :

« Pour sauoir la pure uerite de diuerses regions du monde, si prencz ce liure et le faites lire; si y trouuerez les grandismes merueilles qui y sont escriptes de la grant Hermenie et de Perse, et des Tartares et d'Inde; et de maintes autres prouinces, si comme notre liures uous contera tout par ordre apertement; dequoi Messire Marc Pol, sages et nobles citoiens de Venisse, raconte pour ce que il le uit. Mais auques y a de choses que il ne uit pas, mais il l'entendi d'hommes certains par uerite. Et pour ce mettrons nous les choses neues pour ueues, et les entendues pour entendues, a ce que que nostre liure soit droit et ueritables, sans nul mensonge. Et chascuns qui ce liure orra, ou lira, le doie croire, pour ce que toutes sont choses ueritables. Car ie uous fais sauoir que, puis que nostre Sires Diex fist Adam, nostre premier pere, né fu onques homme de nulle generation qui tant sceust ne cerchast des diuerses parties du monde et des grans merueilles, comme cestui Marc Pol en sot. Et pour ce, pensa que trop seroit grand maulx se il ne feist mettre en escript ce qu'il auoit ueu et oy, par uerite, a ce que les autres gens, qui ne l'ont ueu ne oy, le sachent par cest liure. Et si uous di qu'il demoura a ce sauoir, en ces diuerses parties, bien .xxvi. ans. Lequel liure puis demorant en la carsere de Jenes (*prison de Gênes*), fist retraire par ordre a Messire Rusta Pisan, qui en celle meisme prison estoit, au temps que il couroit de Crist. m. cc. lxxxxviii. ans de l'Incarnation. »

Sorti des prisons de Gênes et rentré à Venise avec son livre *rédigé* en français sous sa dictée par Rusta Pisan, appelé plus communément Rusticien de Pise, dont nous avons déjà parlé, Marc Pol fut nommé membre du grand conseil de Venise. Il fut, sans doute jusqu'à sa mort, arrivée en 1323, « le meilleur citoyen de Venise », comme le dit l'un de ses plus anciens copistes. Dans son testament, conservé avec ceux de ses oncles, à la Bibliothèque de Saint-Marc à Venise, et que M. V. Lazari a publié (1) (lequel testament est daté du 9 janvier 1323), on voit qu'il avait ramené avec lui, de Chine, un serviteur tartare, c'est-à-dire *mongol*, auquel il donna la liberté avec plusieurs dons pécuniaires (2). On ignore ce que devinrent les lettres dont le grand khân l'avait chargé, ainsi que son père et son oncle, pour le pape, le roi de France, le roi d'Angleterre et le roi d'Espagne, dont il est question dans le chapitre 18 de son livre. Peut-être la nouvelle de la mort de Khoubilaï-Khân, arrivée en 1294, deux ans après leur départ, et qu'ils apprirent en Perse, les empêcha-t-elle de remplir leur mission. Il est à présumer, cependant, qu'ils firent part aux représentants de ces puissances, alors accrédités près de la république de Venise, des instructions que le grand khân leur avait données, et que l'état dans lequel se trouvait alors l'Europe aussi bien que la mort de Khoubilaï-Khân empêchèrent d'y répondre.

Le livre laissé par Marc Pol; sa grande influence sur la géographie du moyen âge, et sur la découverte du Nouveau Monde par Christophe Colomb. — Le *Prologue* de ce même livre, rapporté ci-dessus, fait connaître son contenu : c'est une *Description historique de l'Asie* presque complète, de cette Asie orientale dont avant le *Livre de Marc Pol* on ne soupçonnait pas même l'existence en Europe. Aussi, à l'apparition de ce livre, la sensation qu'il produisit fut-elle très-grande. C'était, en effet, un nouveau monde, d'une étendue et d'une richesse merveilleuses, que Marc Pol révélait à l'Europe étonnée. La preuve la plus convaincante de l'influence de la lecture du *Livre de Marc Pol* (quoique répandu seulement par des copies manuscrites, plus ou moins altérées), c'est que la découverte du Nouveau Monde par Christophe Colomb est due à la lecture du livre du célèbre voyageur. « Comme chaque jour, dit M. Walkenaër, dans sa notice de Marc Pol, les notions sur les pays décrits par Marco Polo confirmaient de plus en plus ce qu'il avait dit, les cosmographes les plus instruits s'en emparèrent; et malgré la brièveté et le peu d'ordre de ses descriptions, ils dessinèrent, d'après elles, sur leurs cartes, comme d'après les seules sources authentiques, toutes les contrées de l'Asie, à l'orient du golfe Persique , et au nord du Cau-

case et des monts Himalaya, ainsi que les côtes orientales d'Afrique. De cette manière, les idées erronées des anciens sur la mer des Indes, leurs noms, depuis longtemps hors d'usage, reparurent. La science se trouva régénérée; et quoique encore imparfaite et grossière, elle fut en harmonie avec les progrès des découvertes et les langues usitées à cette époque. On vit paraître *pour la première fois* sur une carte du monde la Tartarie, la Chine, le Japon, les îles de l'Orient et l'extrémité de l'Afrique, que les navigateurs s'efforcèrent dès lors de doubler. Le Cathay, en prolongeant considérablement l'Asie vers l'est, fit naître la pensée d'en atteindre les côtes, et de parvenir dans les riches contrées de l'Inde en cinglant directement vers l'occident. C'est ainsi que Marco Polo et les savants cosmographes qui les premiers donnèrent du crédit à sa relation ont préparé les deux plus grandes découvertes géographiques des temps modernes : celle du cap de Bonne-Espérance et celle du Nouveau Monde. Les lumières acquises successivement pendant plusieurs siècles ont de plus en plus confirmé la véracité du voyageur vénitien; et lorsque enfin la géographie eut atteint, au milieu du dix-huitième siècle, un haut degré de perfection, la relation de Marco Polo servit encore à d'Anville pour tracer quelques détails du centre de l'Asie. »

On voit dans les rapports adressés par Christophe Colomb au roi et à la reine d'Espagne, et datés du nouveau continent qu'il venait de découvrir, que son imagination était toute pleine du *Livre de Marc Pol*, et que toutes les terres nouvelles qu'il découvrait dépendaient du Cathay ou de la Chine. En voici quelques passages : « Cette présente année 1492 (janvier) *d'après les informations que j'avois données à vos altesses des terres de l'Inde et d'un prince qui est appelé le grand kan, ce qui veut dire en notre langue vulgaire roi des rois; et de ce que plusieurs fois lui et ses prédécesseurs avoient envoyé à Rome y demander des docteurs en notre sainte foi, pour qu'ils la lui enseignassent* (voir le passage de Marc Pol cité précédemment colonne 638). »

Colomb voit *Zipangu* ou le Japon, dans l'île de Cuba, qu'il découvre une des premières; il croit que le roi de cette île, comme celui du Japon du temps de Marc Pol, *est en guerre avec le grand kan.* Il dit qu'*il faisait tous ses efforts pour se rendre auprès du grand kan; qu'il pensait devoir habiter dans les environs ou dans la ville du Cathay*, appartenant à ce prince, qui est fort puissante; qu'on tirera beaucoup de coton de ce pays de *Cipango* (Cuba), et qu'on le vendroit très-bien *dans les grandes villes du grand kan que nous découvrirons sans doute.* Il dit encore : « Lorsque j'arrivai à l'île de la Juana, j'en suivis la côte vers le couchant, et je la trouvai si grande que je pensais que c'était la terre ferme : *la province de Cathay* ».

(1) *I viaggi di Marco Polo veneziano*, tradotti per la prima volta dall' originale francese; Venezia, 1847, p. 435.

(2) « Item absolvo Petrum famulum meum, *de genere Turtarorum*, ab omni vinculo servitutis ut Deus absolvat animam meam ab omni culpa et peccato, etc. » La servitude existait encore alors, car l'aîné des Poli, dans son testament en date du 5 août 1280, donne aussi *la liberté* à ses serviteurs : « Item, omnes servos et ancillas dimitto liberos. »

POLO

M. de Fréville, dans un *Mémoire sur la Cosmographie du moyen âge* (1), après avoir rappelé l'histoire de la copie du livre de Marc Pol donnée par ce grand voyageur à Thiébault de Cepoy, des copies de ce livre qui furent recueillies avec tant d'ardeur et de soin par Charles V, dont Charles de Valois était le bisaïeul, ajoute : « Il résulte de ces particularités intéressantes que les savants français (comme Nicolas Oresme) purent étudier, dès le commencement du quatorzième siècle, *la plus véridique de toutes les relations de voyages, et la mieux faite pour opérer une révolution dans les sciences géographiques.* »

Langue dans laquelle le Livre de Marc Pol *a été primitivement rédigé.* — Dans quelle langue l'ouvrage laissé par Marc Pol a-t-il été primitivement rédigé ? Les uns prétendent, comme Ramusio, qu'il avait été rédigé en latin sous la dictée de Marc Pol, et que ce premier texte avait été ensuite traduit en langue italienne vulgaire. D'autres, comme Grynæus, ont cru que le voyageur vénitien employa à la rédaction de son livre sa langue maternelle, c'est-à-dire le vénitien. Cette dernière opinion a été la plus générale. Mais, chose remarquable, c'est un Italien, un éditeur de deux rédactions différentes du livre du célèbre Vénitien, le comte Baldelli Boni, qui le premier, en 1827, dans les prolégomènes de son livre intitulé : *Il Milione di Marco Polo* (2), a démontré, par la comparaison de son texte italien, remontant authentiquement à 1309 (puisque l'auteur du manuscrit publié par lui mourut cette année même), avec le texte en vieux français barbare publié en 1824 par la Société de géographie de Paris, que le manuscrit italien de 1309, le plus ancien connu, était une *traduction* du même livre faite sur la rédaction française. Il montrait que là où la rédaction française porte : « Et adonc voz conteron de les (pour *las, la*) *très* noble cité de Saianfu (3), le traducteur italien avait pris le superlatif *très* pour le latin *tres*, « trois », et avait traduit : « E conterovvi delle *tre* nobili città di Sajafu. » Ailleurs il prend le mot *bue*, « boue », pour le mot *bœufs*, et il écrit *buoi* (bœufs) ; *jadis*, adverbe, pour un nom propre : « *Jadis*, uno *re* (4). » Le texte même de Ramusio, publié deux cent trente-cinq ans après la mort de Marc Pol, et auquel l'éditeur s'est attaché à donner un cachet tout italien, porte encore des traces, cependant, de son origine française. Car dans la

même phrase où le manuscrit Pucciano prend le mot *jadis* pour un nom de roi, le texte de Ramusio prend le mot *dor* (*d'or*, nom de la dynastie chinoise des Kiu, ou *d'or*) pour un nom propre et porte : *un re chiamato Dor* (2ᵉ livre, ch. xxxi). MM. Paulin Paris (1), d'Avezac (2), Hugh Murray (3), Thomas Wright (4), Vincenzo Lazari (5) ont aussi fourni des preuves en faveur de l'*antériorité* de la rédaction française sur toutes les autres. On en trouvera encore de nouvelles dans l'édition que nous en préparons. Notre texte peut être considéré comme le seul texte authentique de Marc Pol, puisque c'est celui qui fut donné en 1307, à Venise, par Marc Pol lui-même à Thiébault de Cepoy, ainsi que le constate le préambule placé en tête de l'un de nos trois manuscrits, et dont une copie, ayant appartenu à Bongars, se trouve aujourd'hui dans la bibliothèque de la ville de Berne (6). Voici ce préambule, qui est une pièce importante dans la question.

« Vees cy le liure que monseigneur Thiebault, cheualier, seigneur de Cepoy (que diex abssoille), requist que il en eust la coppie, à sire Marc Pol, bourgeois et habitans en la cité de Venise. Et ledit sire Marc Pol, comme très-honnourable et très-accoustumé en pluseurs régions, et bien morigéné ; et lui, desirans que ce qu'il auoit uéu fust scéu par l'vniuers monde, et pour l'onneur et reuerance de tres excellent et puissant prince monseigneur Charles, filz du roy de France, et conte de Valois, bailla et donna au dessus dit seigneur de Cepoy, la premiere coppie de son dit liure, puis qu'il l'eut fait ; et moult lui estoit agreables quant par si preudhomme estoit annunciez et portez ès nobles parties de France. De laquelle coppie, que ledit messire Thiebault sire de Cepoy, cy dessus nommez, apporta en France, messire Jehan, qui fust son ainsnez filz, et qui est sires de Cepoy, après son décès, bailla la premiere coppie de ce livre qui oncques fust faite, puis que il fut apporté ou royaume de France, à son très-chier et très-redoubté seigneur monseigneur de Valois. Et, depuis, en a il donné coppie à ses amis, qui l'en ont requis. Et fut celle coppie baillée dudit sire Marc Pol audit seigneur de Cepoy, quant il ala en Venise pour monseigneur de Valois, et pour madame l'empereris sa fame, vicaire général pour eulx deux en toutes les parties de l'empire de Constantinoble.

---

(1) *Revue des sociétés savantes*, année 1860.

(2) Florence, 1827, 2 vol. in-4° ; t. I, p. xii-xiv.

(3) Édition de la Société de géographie, ch. 145, p. 161. Notre rédaction porte : « Et vous conterons de la *tres* noble cite de Saianfu. »

(4) « Il codice Pucciano (cartaceo del secolo XIV) dice : « lo quale (Castello) fe fare *Jaddis*, uno re. » La voce *jadis*, che significa : *già un tempo*, e che è presta francese, dimostra sempre più che il *Milione di Marco Polo*, fu *dettato in francese*, e che il transcrittore del codice Pucciano ritoccò la versione sull'originale francese. » (*Il Milione di Marco Polo*, t. I, p. 98).

(1) *Bulletin de la Société de géographie de Paris*, t. XIX, année 1833, p. 23 à 31. — *Nouveau Journal asiatique*, t. XII, année 1833, p. 244-254.

(2) *Recueil de voyages* et de *Mémoires de la Société de Géographie de Paris*, t. IV, année 1839, p. 408-409.

(3) *Travels of Marco Polo* ; Édimbourg, 1844, p. 28-29.

(4) *The travels of Marco Polo* ; Londres, 1854. Introduction, p. 24 et suiv.

(5) *I viaggi di Marco Polo*, descritti da Rusticiano di Pisa, tradotti per la prima volta d'*all' originale francese* ; Venezia, 1847, p. xxii-xxviii.

(6) Voy. Sinner, *Catalogus codicum mss. Bibliothecæ bernensis* ; t. II, p. 455.

« Ce fut fait l'an de l'incarnation nostre Seigneur Jhesu Crist mil trois cent et sept, ou mois d'aoust. »

Cette pièce importante pour l'histoire du *Livre de Marc Pol* ne se trouve dans aucune rédaction de ses voyages publiée jusqu'à ce jour ; elle n'existe, à notre connaissance, que dans deux manuscrits : l'un qui appartient à la Bibliothèque impériale de Paris, et l'autre (qui paraît en être la copie), à la bibliothèque de la ville de Berne. Ce dernier provient de Bongars, le célèbre auteur du livre intitulé : *Gesta Dei per Francos.* Mais dans le manuscrit de Berne, ce préambule, qui est en tête de celui de Paris, se trouve placé à la fin (1).

En dégageant les faits du style un peu embarrassé de ce préambule, qui est comme un certificat d'origine, on y voit 1º que la *rédaction française* du livre de Marc Pol, jointe à cette pièce, fut donnée par Marc Pol à Thiébault de Cépoy, à Venise même, en l'année 1307 ; — 2º que ce n'était pas une *traduction,* mais une *copie,* et même la *première* donnée par Marc Pol depuis la rédaction de son livre, pour être offerte en son nom à Charles de Valois, fils de Philippe le Hardi et frère de Philippe le Bel, dont Thiébault de Cepoy était le représentant à Venise ; — 3º que cette *première copie* donnée par Marc Pol à Thiébault de Cepoy fut apportée par lui en France, mais ne fut pas remise à Charles de Valois par lui-même ; — 4º que ce fut son fils aîné Jehan, qui donna à Charles de Valois la *première copie faite en France* de la copie originale faite à Venise, et donnée par Marc Pol à Thiébault de Cepoy ; — 5º que sur la *première copie originale de Venise,* Jehan de Cepoy, après en avoir donné une *première copie faite en France,* à Charles de Valois, en donna *ensuite* d'autres *copies* à ceux de ses amis qui les lui demandèrent ; — 6º que la *copie originale* de Venise, la *première de toutes,* donnée par Marc Pol lui-même, était restée entre les mains de Jehan de Cepoy, et lui servait à en faire des *copies* pour ses amis.

Il résulte aussi de là que la *rédaction française* du *Livre de Marc Pol,* dont l'origine est ainsi constatée, doit être considérée comme la seule rédaction *authentique* que l'on possède.

On a donc lieu de s'étonner que cette même rédaction n'ait trouvé jusqu'ici, depuis cinq siècles et demi, dans ces *nobles parties de France* où Marc Pol était si flatté de voir porter, par Thiébault de Cepoy, la *première copie* de son livre, rédigé en français, aucun éditeur pour répondre au vœu du célèbre voyageur. L'auteur et l'éditeur de cette notice ont entrepris de réparer cet injuste oubli, en publiant une édition française du livre de Marc Pol, d'après trois manuscrits inédits, dont deux ont appartenu à Jehan duc de Berry, mort en 1416, dont ils portaient la signature encore visible, ainsi que la mention : « *Ce livre est au duc de Berry* (signé) Jehan » ; ce qui leur donne une date certaine (1). Ce texte original inédit, et qui peut être considéré comme un des monuments les plus curieux de notre vieille et naïve langue française, est accompagné des *variantes* principales des trois manuscrits inédits, et d'un *Commentaire géographique et historique* étendu, tiré en grande partie des écrivains orientaux, principalement des historiens chinois. Cette *première édition* du texte français original du Livre de Marc Pol sera digne, et du célèbre voyageur vénitien, et de cette *noble France,* comme il l'appelle, dont la langue naissante était déjà si belle et si répandue en Europe qu'il la préféra à toute autre pour faire rédiger sous sa dictée, par Rusticien de Pise, ce livre extraordinaire, qui fut nommé alors : *Le Livre des merveilles du monde* (2).

Bibliographie de Marc Pol. — Quoiqu'on ait donné jusqu'à ce jour au moins cinquante-six éditions, en diverses langues, du Livre de Marc Pol, toutes ces éditions sont rares et même difficiles à trouver dans le commerce. On peut les classer ainsi par langues : Éditions en langue italienne 23 ; anglaise 9 ; latine 8 ; allemande 7 ; française 4 ; espagnole 3 ; portugaise 1 ; hollandaise 1. Total 56.

Nous nous dispenserons d'énumérer ici chacune de ces éditions, dont Marsden et M. Lazari, dans leurs éditions anglaise (1818) et italienne (1847) de Marc Pol ont donné la nomenclature. Ces deux éditions avec celles du comte

---

(1) « Totum Marci Pauli Itinerarium absolvitur in nostro Codice, capitibus 194, paginis vero 180, seu foliis 90. In fine legitur : Explicit le Roumman du grant kaan, de la grant cite de Cambalut. — Postea hæc leguntur. — Vees ci le livre, etc. » (Sinner, *Catalogus,* t. II, p. 455).

(1) L'un de ces deux manuscrits, le plus ancien, qui portait sur le dernier feuillet (numéroté 87) la mention ci-dessus, et qui est d'une belle écriture gothique, sur vélin, à deux colonnes, porte aussi, au bas du premier feuillet du texte l'écusson de *France* (trois fleurs de lys d'or sur fond d'azur) peint postérieurement aux enluminures ; ce qui indiquerait qu'il aurait appartenu ensuite à Charles V et qu'il aurait fait aussi partie des livres de la tour du Louvre.

(2) Notre manuscrit côté A porte pour titre : *Le Devisement du Monde ;* celui côté B, qui comprend plusieurs autres ouvrages, porte en tête de la main de Nicolas Flamel, la note suivante : « Ce livre est des merveilles du monde : c'est assavoir, de la Terre Saincte, du grant kaan, empereur des Tartars, et du pays d'Ynde ; lequel livre Jehan, duc de Bourgoingne, donna à son oncle Jehan, fils du roi de France, duc de Berry et d'Auviergne, conte de Poitou, d'Estampes, de Bouloingne, et d'Auvergne ; et contient le dit Livre, six livres ; c'est assavoir : *Marc Pol ; Frère Oderic,* de l'ordre des frères Meneurs ; le livre fait à la requeste du cardinal Taleran de Pierregort : *L'Estat du grant kaan ;* le *Livre de messire de Mandeville ;* le *Livre de frère Jehan Haylon,* de l'ordre de Premontré ; le *Livre de frère Bieul,* de l'ordre des frères Prescheurs. Et sont en ce dit Livre deux cent soixante-dix histoires (ou Miniatures). » (Signé) N. Flamel.

La plupart des anciennes éditions italiennes ont pour titre : *De le meraveliose cose del Mundo.*

Baldelli Boni 1827) sont les plus importantes, par les notes qui s'y trouvent jointes. Mais la plupart de ces notes sont ou des hors d'œuvre ou des dissertations inutiles sur des suppositions erronées. La dernière édition française tronquée, publiée dans une collection de voyageurs anciens et modernes, est, sauf les gravures, au-dessous de toute critique.

Nous ne pouvons mieux terminer cette notice que par les paroles suivantes de M. Walkenaër : « Il ne faut pas s'étonner si la courte relation de Marco Polo a tant occupé les savants. Lorsque, dans la longue série des siècles, on cherche les trois hommes qui, par la grandeur et l'influence de leurs découvertes, ont le plus contribué au progrès de la géographie ou de la connaissance du globe, le modeste nom du voyageur vénitien vient se placer sur la même ligne que ceux d'Alexandre le Grand et de Christophe Colomb. »

G. PAUTHIER.

Ouvrages cités.

PARIS. — TYPOGRAPHIE DE FIRMIN DIDOT FRÈRES, FILS ET CIE,
Imprimeurs de l'Institut, rue Jacob, 56.

LE LIVRE

DE

MARCO POLO

CITOYEN DE VENISE.

Paris. — Typographie de Firmin Didot frères, fils et Cie,
imprimeurs de l'Institut de France, rue Jacob, 56.